Birte Reuver und Stephen Janetzko (Hrsg.) für das Netzwerk Kindermusik:

42 starke Kinderlieder für eine bessere Welt

Das Liederbuch mit allen Texten, Noten und Akkorden
zum Mitsingen und Mitspielen

Lieder von Kindermusik.de - dem Netzwerk aus Bands und Liedermacher*innen aus ganz Deutschland und Österreich!

Zu diesem Liederbuch ist separat eine Doppel-CD erschienen.

Umschlaggestaltung: Peter Zickermann (Büro Z). Illustrationen: Oksana Stepova und Peter Zickermann.
Notensatz: Birte Reuver/Jonas Fritsch. Innengrafik, Idee, Aufbereitung & Durchführung: Stephen Janetzko

ISBN-13: 978-3-95722-561-0 (Print)
ePDF-ISBN: 978-3-95722-841-3

Kindermusik im Netz unter:
www.kindermusik.de

Inhaltsverzeichnis

Das Liederbuch — **42 starke Kinderlieder für eine bessere Welt**

Kindermusik.de ist ein Netzwerk aus Bands und Liedermacher*innen aus ganz Deutschland und Österreich.
Alle Mitglieder verbindet ihr gemeinsamer Anspruch, Kindern auf Augenhöhe zu begegnen, sie ernst zu nehmen und mit qualitativ hochwertiger Musik stark zu machen.

*Hallo liebe Sänger*innen, Musiker*innen usw.!*

Es geht hier um eine saubere Umwelt, um sauberes Wasser und saubere Energien. Es geht um Mobbing, Inklusion und den täglichen Straßenverkehr. Es geht aber auch um ein wirkliches Miteinander, um ein gemeinsames, freundliches Leben, um Demokratie und um eine Zukunft für uns alle.

Alle in diesem Liederbuch vertretenen Kinderliedermacher*innen sind Teil des Netzwerkes "Kindermusik.de".
Seit 20 Jahren gibt es mit „Kindermusik.de" einen Verbund von Kindermusiker*innen aus dem deutschsprachigen Raum.
Ziel ist es, sich gegenseitig zu unterstützen, die Idee von guter Kindermusik zu fördern und voranzutreiben. Gemeinsam Musik machen, gemeinsame Fortbildung verbunden mit einem guten und tragfähigen Netzwerk.
Die Landkarte der Mitglieder von kindermusik.de macht deutlich:
Wir singen und spielen unsere Lieder von der Ostsee bis nach Tirol, von der Lausitz bis nach Ostfriesland - in Köln, Berlin, Hamburg und überall, wo Kinder singen und Spaß an Musik haben, sind wir dabei.
Derzeit haben sich über vierzig Menschen in der Kindermusik aus Österreich und Deutschland hier zusammengeschlossen, die sich auch weit über das Internet hinaus begegnen, inspirieren und bewegen.

Kindermusik im Netz unter:
www.kindermusik.de

Viel Freude beim Singen und Musizieren,
Eure Kinderliedermacher*innen.

CD 1/01

Viva Wasser

Musik + Text:
Christoph Clemens, Jens Brix
www.ichundherrmeyer.de

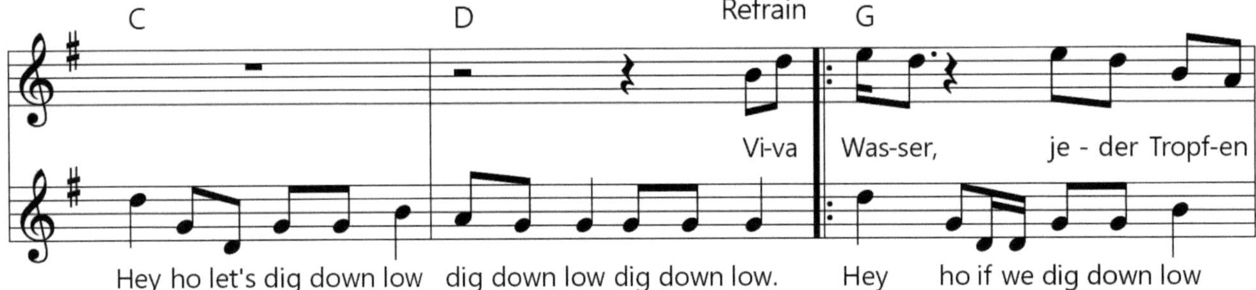

Strophe gerappt + Melodie

1. Strophe
Wasser macht uns nass
Wasser macht uns Spaß
Wasser gibt´s in Flaschen
Mit Wasser kann man waschen
Wasser löscht den Durst
Ob nach Käse oder Wurst
Nur zu Schokolade
Trink ich Limonade

Wasser gibt´s als Würfel-Eis
In China wächst in Wasser Reis
In Frankreich nennt man Wasser L´eau
Wasser läuft sogar durch´s Klo
Wassermann, Wasserfrau,
Wasserrutsche, Wasserfall
Wasser braucht man überall

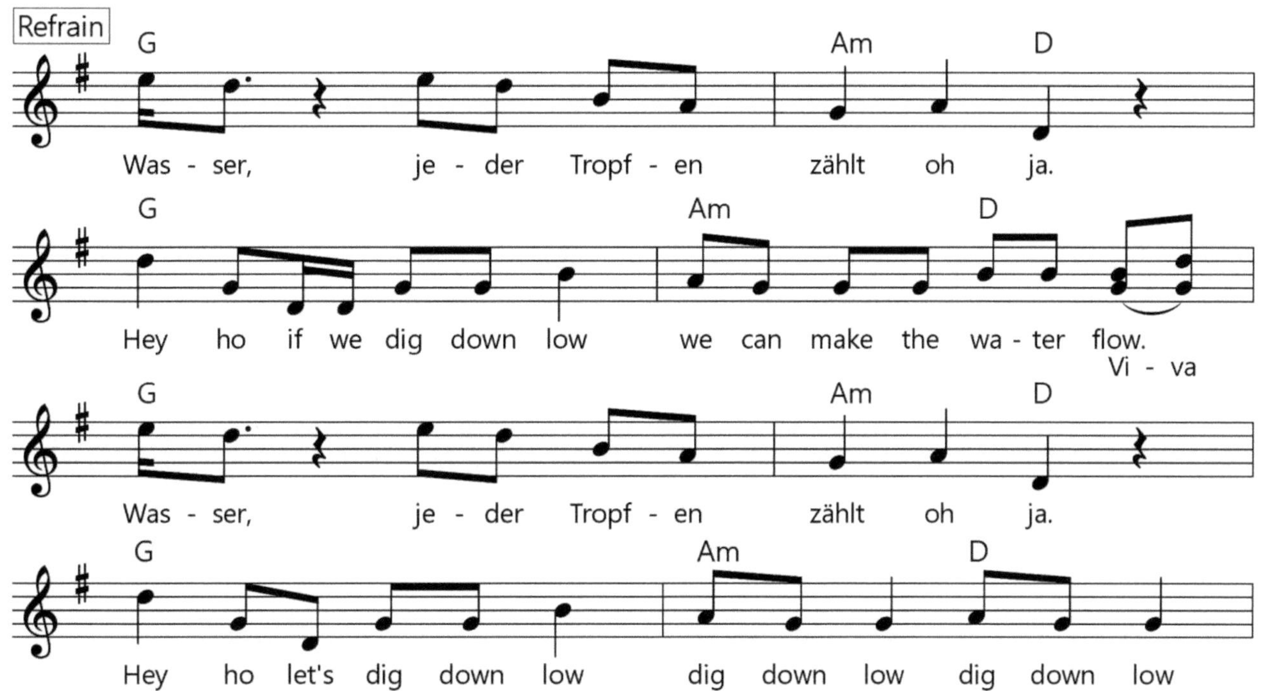

2. Strophe Der Mensch besteht aus Wasser zu 70 %
Mit Wasser löscht man Feuer,
wenn´s mal irgendwo brennt
Im Wasser kann man schwimmen
und es trinken sowieso
Darum muss man es schützen -
Nix geht ohne H2O

Pflanzen gießen bis sie sprießen
Und ´nen Tag am Meer genießen
Segeln, paddeln, rudern, kiten
Schnorcheln, tauchen, Wellenreiten
mit Wasser kann man kochen
Im Wasser schwimmt´n Rochen
Und triffst Du einen Hai
Dann sag „Hi" und schwimm vorbei

Refrain: Viva Wasser, jeder Tropfen zählt oh ja. Hey ho if we dig down low, we can make ...

Auf ´nem alten Fischerkahn in die Abendsonne fahren!
Flüsse, Meere, Bäche, Seen - bis zum Bauch im Wasser stehen
Wasserpfütze, Modderpampe, Wackelpudding, Wasserfarben
Heiße Dusche, warmer Tee gibt's nur weil wir Wasser haben
Und wo den Menschen Wasser fehlt da müssen wir nach Wasser graben
Einfach einen Brunnen bohren damit die Menschen Wasser haben
Alle brauchen Wasser - Wasser spendet Leben
Glaub mir ohne Wasser würd´s uns alle gar nicht geben

Refrain

Manchmal ist es auch gefährlich das klare kühle Nass
Wenn Dämme erst mal brechen vergeht der ganze Spaß
Oder aber auch ein Aquarium wäre ohne Wasser eher dumm

Trompetensolo - Refrain

CD 1/02

Bienenlied

Text: Rodscha Schneider,
Stefan Flierl, Dana Graf
Musik: Rodscha Schneider
www.mitmachlieder.de

1. Strophe Ich wackle mit dem Kopf und mit dem Po.
Jetzt dreh' ich mich zu dir rüber und tanze so:
mein Popo an deinem Popo.
Wir sind die Wackel-, Wackel-, Wackel-, Wackel-Bienen,
die dich mit Honigduft und süßem Gold bedienen.

2. Strophe Wir sind zwar klein, doch wir sind wichtig!
In der Natur funktioniert sonst nichts mehr richtig.
Ohne uns gibt's keine Früchte!
Wir bestäuben doch die Pflanzen, habt ihr das vergessen?
Es ist so wunderbar, 'ne süße Frucht zu essen.

Refrain Milalullilo...

3. Strophe Blühende Wiesen, bunte Blumen,
duftende Kräuter, grüne Gräser,
jetzt und hier! Viele Sorten brauchen wir!
Auf jeder Wiese und auf jedem Stadtbalkon
gibt's nun 'ne Kräuter- und 'ne Blumeninvasion!

Refrain Milalullilo – Und wir wackeln mit dem Po.
Milalullilo – Mein Po an deinem Popo.
Wir wollen der Natur und Menschen gerne nützen,
doch dafür müsst ihr uns besser schützen!

Oooooo
Wir wackeln mit dem Po – oooooo.
Milalullilo – oooooo
Wir wackeln mit dem Po – oooooo.

CD 1/03

Die Welt ist so

M+T: Markus Rohde,
Henrik Bartels
www.markusrohde.de

Hinweise:

1. Transponiert das Lied nach Bedarf.
2. Manche Passagen eignen sich auch für Sprechgesang.

CD 1/04

Wir stehen auf

T+M: Suli Puschban
www.sulipuschban.de

Orig. Tonart Cm (Kapo 3)

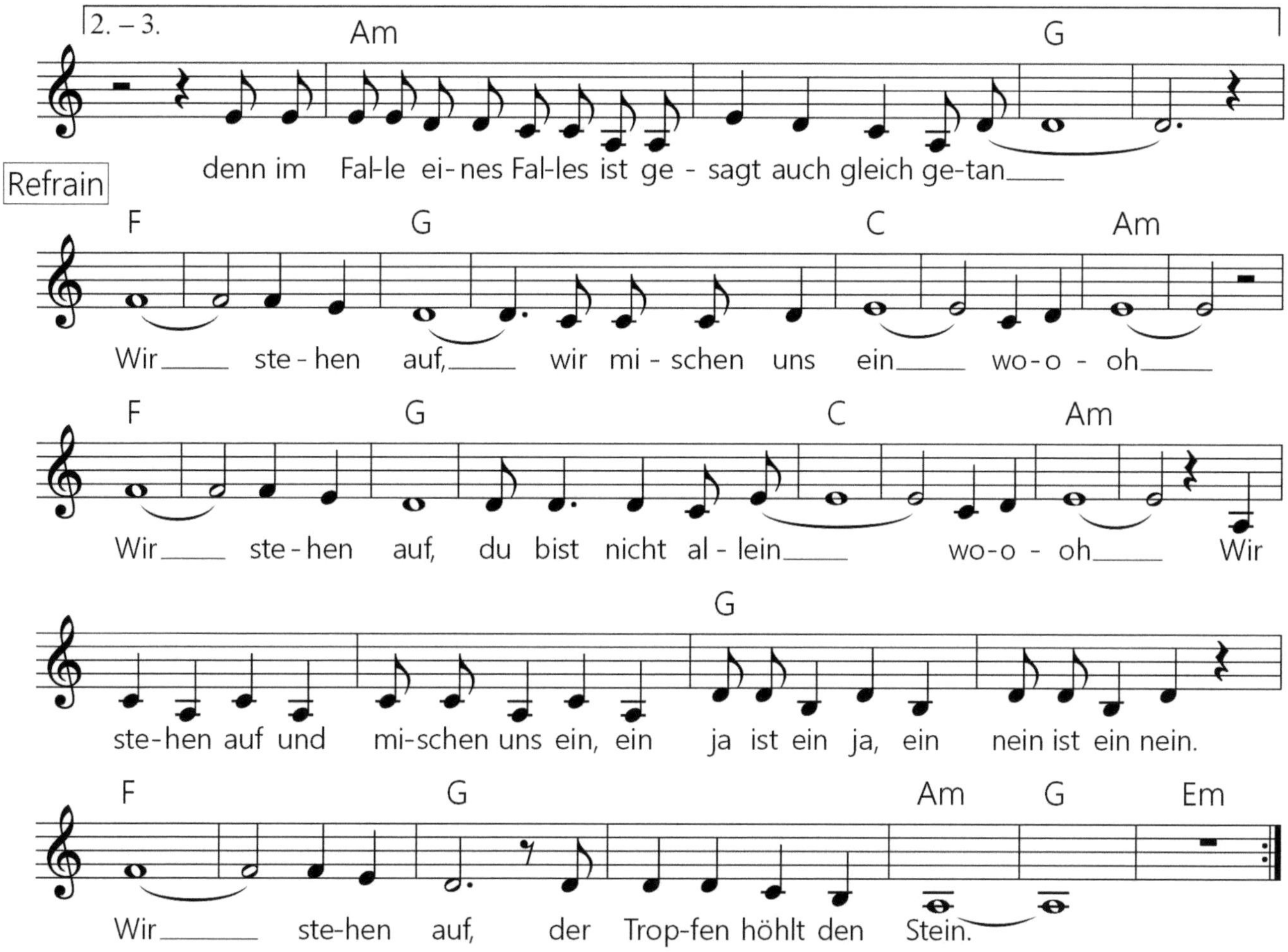

2. – 3.
Am G
denn im Fal-le ei-nes Fal-les ist ge - sagt auch gleich ge-tan
Refrain
F G C Am
Wir ste - hen auf, wir mi - schen uns ein wo-o - oh
F G C Am
Wir ste - hen auf, du bist nicht al - lein wo-o - oh Wir
G
ste-hen auf und mi-schen uns ein, ein ja ist ein ja, ein nein ist ein nein.
F G Am G Em
Wir ste-hen auf, der Trop-fen höhlt den Stein.

Rap Sie sagen 'Wir sind ihre Zukunft', doch das greift zu kurz.
Wir sind unsere Gegenwart – seit der Geburt.
Ihr wollt, dass wir von euch lernen. Zeigt, wie Frieden geht,
nicht wie man für Profite, sondern für die Liebe lebt - ey!

Wir stehen auf, und mischen uns ein,
Diskriminierung und Rassismus, sowas wünschen wir keinem.
Sagen dazu nein, halten zusammen, bleiben vereint,
wollen nur Frieden und vermeiden den Streit – Peace

Am G C
Nur ei - ner ist ein Trop - fen auf dem hei - ßen Stein,
Am G 3x
ein Meer woll'n wir sein.
Am G C
Nur ei-ner ist ein Trop-fen auf dem hei-ßen Stein,

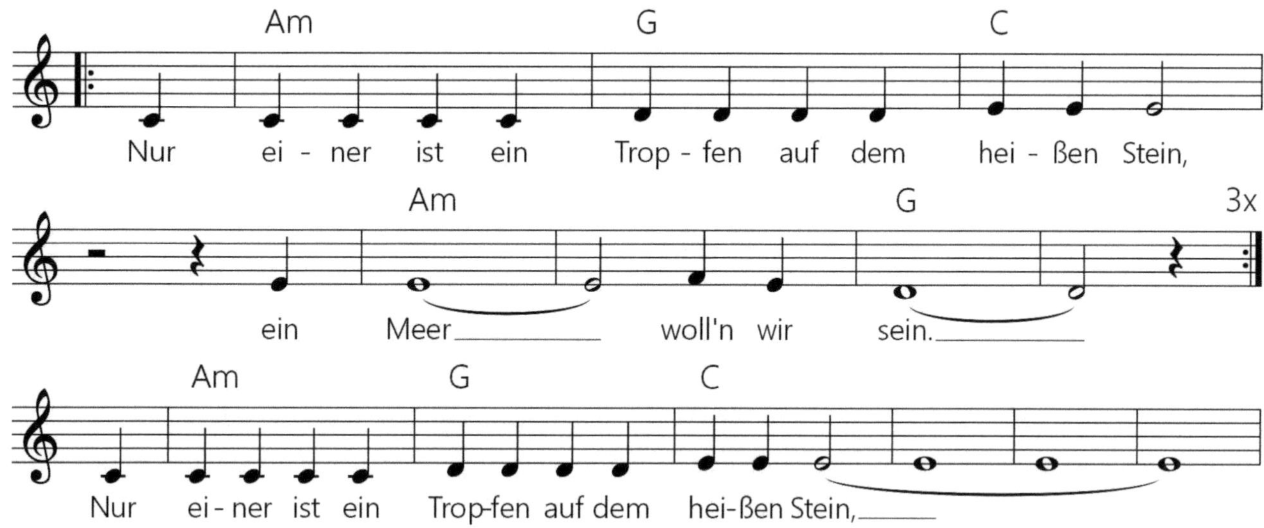

Instrumentalteil und Refrain folgen

CD 1/05

Wir sind eins

Text+Musik: Pit Budde
www.karibuni-online.de

Übersetzung aus dem Amharischen:

Esheruru, mein kleiner Junge, Esheruru, mein Kind.
Esheruru, mein kleiner Junge, Esheruru.
Esheruru, mein kleines Mädchen, Esheruru, mein Kind.
Esheruru, mein kleines Mädchen, Esheruru.

Pack den Esel mit Brot, nimm die Milch unter den Arm.
Bring es schnell deinem Kind, liebe Mutter, lauf schnell.

CD 1/06

Willy Wal

Text: Jochen Vahle
Musik: Marc Jürgen, Christian Keller,
Garrelt Riepelmeier, Jochen Vahle
www.randale-musik.de

Letzter Refrain:

Willi Wal hat keine Wahl, es gibt nur einen Ozean
und dass Willi überlebt, das geht uns alle an.
Doch wir verschmutzen unsere Meere mit Plastik und mit Dreck
und irgendwann stirbt Willi Wal...
Willi Wal hat keine Wahl, es gibt nur einen Ozean
und dass Willi überlebt, das geht uns alle an.
Doch wir verschmutzen unsere Meere mit Plastik und mit Dreck
und irgendwann ist Willi Wal dann einfach weg.
Ja, irgendwann ist Willi Wal dann einfach weg.
Irgendwann ist Willi Wal dann einfach weg.

2. Willi kommt viel rum, er war schon auf der ganzen Welt,
in der Arktis, im Pazifik, wo es ihm überall gefällt.
Doch er findet kaum noch Stellen, die noch nicht belastet sind,
er hat Angst um seine Herde und sein Kind.
Kann Willi überleben - kann es eine Zukunft geben?
Das Meer ist sein Zuhaus, er kann hier ja nicht raus.

CD 1/07

Traumfänger

Original: We are one,
Indianischer Gesang, Nordamerika

Dt. Text & Bearbeitung:
Unmada Manfred Kindel

Worte von Elk Chief:

I dreamt about the sun last night
It took me to the place it called home
The sound it made was beautiful
More than anything I've ever known
A long time ago a native elder said, the time would come, when the trees
will be dying from the tops down. The black eagles would return and man will be living in space
looking for home again. We are in that time. Parents, let us do this: Let us not make our children
like us. For they will be lost and destroyed.
Let them know that life is sacred. And all things are that way. A-ho~

CD 1/08

Ich erinner mich an dich

T+M: 3Berlin
www.dreiberlin.de

2. Im Sommer letztes Jahr hab' ich ne Blume mir gepflückt.
In einer Vase auf dem Tisch hast du das Wohnzimmer geschmückt.
Und ich erinner' mich an dich.

Du bist nicht mehr hier...

3. Du warst immer da und mit dir war es immer schön.
Ein letztes Mal in deinem Arm, hab dich seitdem nicht mehr gesehen.
Doch ich erinner mich an dich.

Du bist nicht mehr hier...

Noch mehr Kindermusik gefällig?

CD „42 starke Kinderlieder für eine bessere Welt"

Im Roman "Per Anhalter durch die Galaxis" von Douglas Adams wird der Supercomputer Deep Thougt nach dem Sinn des Lebens gefragt. Seine Antwort ist 42. Einfach nur 42. Als Antwort auf alles.
Die CD zu diesem Liederbuch ist ein MUSS!

EAN 4021184811509 - Newtone - **https://shop.newtone.de/cds**

BUCH mit CD „Das Kinderliedfestival"

Ein buntes und reichhaltiges Liederbuch mit insgesamt 64 besonderen Songs aktueller Kinderliedermacher/innen aus dem deutschsprachigen Raum. Das Beste derzeitig aus den letzten Jahren! Fast alle Mitglieder von Kindermusik.de haben einen Titel beigesteuert. Zusammengestellt und herausgegeben von Wolfgang Hering.
Alle 64 Stücke sind auf der beiliegenden CD als Sing Alongs mit Melodie und charakteristischer Begleitung zu finden.

ISBN 9783947998074 - Alfred Music - **https://www.alfredmusic.de/**

CD 1/09

Streit um den See

Musik + Text: Toni Geiling
www.tonilieder.de

2. Da kam die laute Frau Tube
und sagte: „Ich bau mir hier ein Haus.
Ich baggere mir eine Riesengrube,
das Wasser aus dem See, das lass ich raus."
Es weinten die Fliegen, die Frösche, das Schilf, die Ente und der Blei,
der schwamm in der Tiefe des Sees, macht Blubb...
und dacht' sich nichts dabei.

3. Da schwirrte mutig die Libelle
alleine in den Bundestag.
Ihr Stimmchen vor dem Mikro klang so helle:
„Ich wünsche einen guten Tag.
Ich spreche für die Fliegen, die Frösche, das Schilf, die Ente und den Hecht.
Wir alle lieben diesen See und ein See ohne Wasser ist doch schlecht."

4. Da wurde auch Frau Tube aufgerufen
und zu ihrem Plan befragt.
„Ich baue mir mit tausend Marmorstufen
ein Riesenhaus, das hab ich doch gesagt.
Und all die Fliegen, die Frösche, das Schilf, die Ente und der Aal,
die sind, wenn ich an meine Kinder denke, mir irgendwie auch schnurz und piepegal."

5. Der Fall kam schließlich vor Gerichte
und weise sprach die Richterin:
„Frau Tube darf im Sommer gratis zelten,
das Wasser in dem See doch das bleibt drin!"
Das freute sehr die Fliegen, die Frösche, Frau Tube, ihre Kinder und den Barsch.
Und wenn sie dann im Sommer baden gingen,
sah man ihren nackten ...
Zeh.
Ende gut, alles gut am See.

CD 1/10

Wir sind ein tolles Team

Capo 1. Bund

Text + Musik: Kiri Rakete
www.kiri-rakete.com

F
G
F
Wir sind ein tol - les Team, you're my best friend. Und des-halb sin - ge ich ein
C
Am
Lied ü - ber die Freund-schaft nur für mich. Und für dich.
C
Am
And for you. Schu - bi - duuu.
C
C
And for you. Schu-bi - du.

CD 1/11

Flotte Lotte

Text+Musik: Toni Knittel
www.bluatschink.at

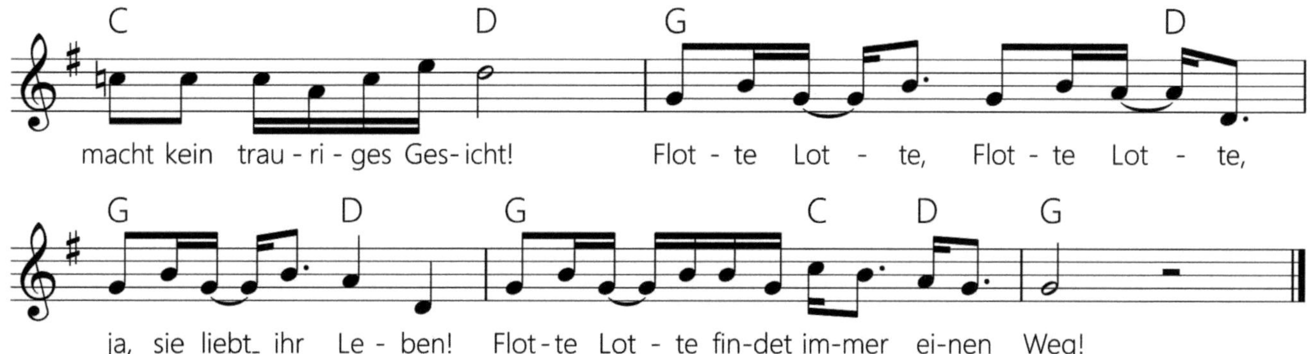

2. Strophe

Eines weiß ich sicherlich: Sie ist genau wie du und ich.
Wenn du sie siehst, geh einfach auf sie zu!
Hör dir die Geschichten an, die Lotte dir erzählen kann.
Wenn du das alles hörst, dann staunst auch du!
Oh ja, sie ist auch mal traurig! Oh nein, sie ist nicht gerne ganz allein!
Zum Glück hat sie viele Freunde, auch du kannst heut ein Freund für sie sein!

Refrain

Flotte Lotte, Flotte Lotte sitzt in ihrem Rollstuhl
Flotte Lotte lacht so laut und viel! Jaja!
Flotte Lotte, Flotte Lotte find ich wirklich voll cool.
Flotte Lotte sie mag Spaß und Spiel! Jaja!
Manches kann sie ganz perfekt, das hab'n die Menschen gleich entdeckt!
Wie sie lacht, das ist ein Hit - damit reißt sie alle Menschen mit!
Flotte Lotte, Flotte Lotte – ja, sie liebt ihr Leben!
Flotte Lotte findet immer einen Weg!

CD 1/ 12

Ein Geschenk

Text+Musik: Gerd Müller
www.spunk-musik.de

G D Em C G D Em C
1. Den kleinen Stein, den schenk' ich dir, pass gut drauf auf, dass du ihn nicht verlierst.
G D Em C G D Em C
Er ist ein Teil von dieser Welt, wie unsre Erde vom Himmelszelt.
Em Bm7 Em Bm7 Em D Em
Kommt aus der Erde, er ist sehr alt. Er soll dich tragen, er gibt dir Halt.

2. Die weiße Feder, die schenk' ich dir, pass gut drauf auf, dass du sie nicht verlierst.
Sie ist so leicht, leicht wie der Wind, viel leichter noch als Elfenträume sind.
Kommt aus der Luft von sehr sehr weit. Sie soll dich tragen mit Leichtigkeit.

3. Die kleine Muschel, die schenk' ich dir, pass gut drauf auf, dass du sie nicht verlierst.
Trägt oft in sich 'nen kleinen Schatz, im weiten Meer, da ist ihr Platz.
Kommt aus dem Wasser, hat viel zu berichten.
Halt sie ans Ohr und lausch' den Geschichten.

4. Ein liebes Wort, das schenk' ich dir, pass gut drauf auf, dass du es nicht verlierst.
Es kann dich wärmen so wie ein Feuer, vertreiben die Kälte und Ungeheuer.
Es soll dich tragen so wie ein Stein, soll Feder dir und Muschel sein.

CD 1/ 13

Der blaue Planet

T+M: Matthias Meyer-Göllner
www.irmimitderpauke.de

Der Weg, der uns leitet, der Stern, der uns führt,
die Wolke, die begleitet, der Wind, den man spürt.
Die Frucht an den Bäumen, das Wasser am Strand
und du in meinen Träumen und an meiner Hand.

Die Welt und wir beide gehören dazu,
die Pflanzen, die Tiere, der Mensch, ich und du,
die Erde, wo all dieses Leben besteht,
sie ist unser zu Hause, der blaue Planet.

Hinweis:
Die Originaltonart ist A-Dur. Transponiert das Lied nach Bedarf

CD 1/14

Fragen

Text + Musik: Alex Schmeisser
www.alexmachtmusik.com

2. Strophe
Muss ich abends schlafen gehen?
Warum im liegen und nicht im stehen?
Wieso ist der Regen nass?
Warum macht Quatsch machen so viel Spaß ? Wieso ist die Wiese grün?
Können Tulpen auch im Winter blühen? Mögen Elefanten Vanilleeis?
Warum ist die Milch ganz weiß?

Refrain...

3. Strophe

Sag mal, wie geht Kinder kriegen?
Können Fische denn auch fliegen?
Wie weit springt der kleine Flo
und wie gehen Astronauten aufs Klo?

Refrain...

Letzter Refrain

Hast du ein paar Fragen,
kann ich dir vielleicht sagen,
wie die Welt funktioniert,
und was hier alles passiert.

CD 1/15

Wasser ist wichtig

T+M: Robert Metcalf
www.robert-metcalf.de

Wasser *Tropf! tropf, tropf!*
Wasser ist wichtig *Tropf! tropf, tropf!*
Wasser ist lebenswichtig!

Refrain Wasser ist wichtig, wirklich wichtig. Wasser ist lebenswichtig.
Wasser ist wichtig, wirklich wichtig. Wasser ist lebenswichtig.

1. Strophe Wasser zum Trinken. Wasser zum Waschen.
Wasser zum Spülen. Wasser zum Zähneputzen.
Wasser zum Kochen. Wasser zum Feuer löschen.
Wasser zum Putzen. Tag für Tag und lebenslänglich!

Refrain Wasser ist wichtig, wirklich wichtig...

2. Strophe Wasser in der Pfütze. Wasser im Eimer.
Wasser in der Wanne. Wasser in der Klospülung.
Wasser für Menschen. Wasser für Tiere.
Wasser für Pflanzen. Wenn der Regen fällt, dann denk ich:

Refrain Wasser ist wichtig, wirklich wichtig...

Bridge Aber nicht überall auf der Welt gibt es Wasser.
Und nicht überall macht es *tropf! tropf, tropf!*
Aber ohne ... kannst du nicht leben.
Stilles, pures, kühles, klares,
reines, frisches, wunderbares Wasser!

Refrain Wasser ist wichtig, wirklich wichtig. Wasser ist lebenswichtig.
Wasser ist wichtig, wirklich wichtig. Wasser ist lebenswichtig.

Richtig!

Noch mehr Kindermusik gefällig?

BUCH mit MP3 CD „Kleine Ukulele Schule"

Din A4 Format mit Ringbindung, 100 Seiten, mehr als 100 Kinderlieder (Text und Noten mit Grifftabellen), jede Menge Tipps zum Ukulele lernen, inklusive MP3 CD mit 54 Hörbeispielen!
Von Birte Reuver für das Netzwerk Kindermusik.
"Vielen Dank für die Ukulele Schule, sie ist wirklich sehr durchdacht verfasst. Auch für Laien und Nichtmusiker sehr gut erklärt."

ISBN 978-3-933291-90-5 - PSST-Music - **https://kindermusikkaufhaus.de**

BUCH mit 2 CDs „Unser Liederbuch 2"

Lieder zum Spielen und Bewegen. Das gibt es nicht alle Tage! Ein Liederbuch randvoll mit abwechslungsreicher Kindermusik, fantasievollen Spielideen und munteren Bewegungsanregungen. Insgesamt 37 Lieder aus der modernen Kinderlied-Szene. Alle Stücke sind auf den beiliegende zwei CDs enthalten. Viel Spaß beim Hören, Singen, Nachspielen und Umsetzen der Spieltipps und Lieder.

ISBN 978-3-933291-23-3 - PSST-Music - **https://kindermusikkaufhaus.de**

CD 1/16

Aufeinander zu

Text + Musik: Frank Bode
www.frankbode.sightkick.de

2. Hast du schon mal alle Schlüssel an deinem Schlüsselbund gezählt
Weißt du, wofür jeder da ist, oder ob dir einer fehlt
Vielleicht stehst du in der Fremde wieder vor verschloss'ner Tür
Und probierst auch jeden Schlüssel, und wieder keiner passt dafür
Lass ich meine Türen offen, kommst du ohne Schlüssel rein
Fühlst du dich bei mir zuhause, werd' auch ich zuhause sein. Refr: Wir gehen...

3. Warum hab ich deine Nähe nicht schon früher mal gesucht
Wer hat unser Buch geschrieben, ist es nicht dasselbe Buch
Ich seh oft mit ander'n Augen, was du mit deinen Augen siehst
Und vielleicht lese ich in Zeilen, was du zwischen Zeilen liest
Nein, ich will mich nicht verstecken, hoff, dass du dich nicht versteckst
Du kannst viel bei mir entdecken, das du nicht bei dir entdeckst. Refr: Wir gehen...

CD 1/17

Mach das Leben schön

T+M: Sebastian Dold, Jens Kosmiky
www.Der-Zeremonien-Meister.net

3. Strophe: Gönn Dir ein riesengroßes Erdbeereis,
stell Dir die Dusche mal auf richtig heiß,
lass Dir den Fahrtwind um die Nase weh`n,
mach Dein Leben schön!

Instrumentalstrophe

Bridge: Manches ärgert Dich, manches ist widerlich,
manches darfst Du nicht, manches klappt auch nicht.
Atme ganz tief ein, lass das Glück herein und dann,
und dann, und dann, dann, dann, dann

4. Strophe: Lach so laut bis Du echt nicht mehr kannst,
frag Deine Mama ob Sie mal mit Dir tanzt
und lass die Bohnensuppe einfach mal stehn,
mach das Leben schön!

gesprochen:

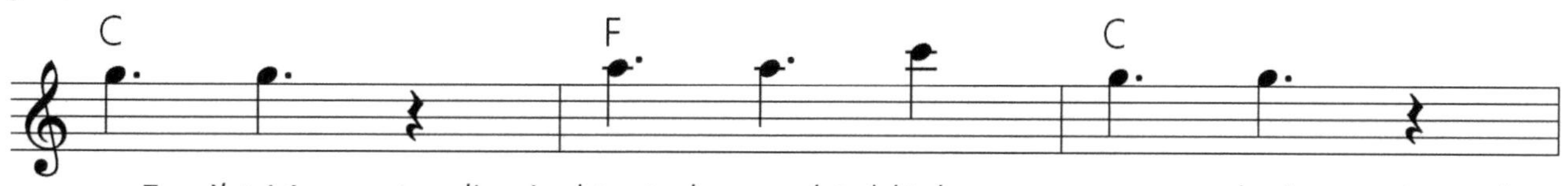

wendet und dreht. Doch gleich danach, wenn die Momente vergeh'n:

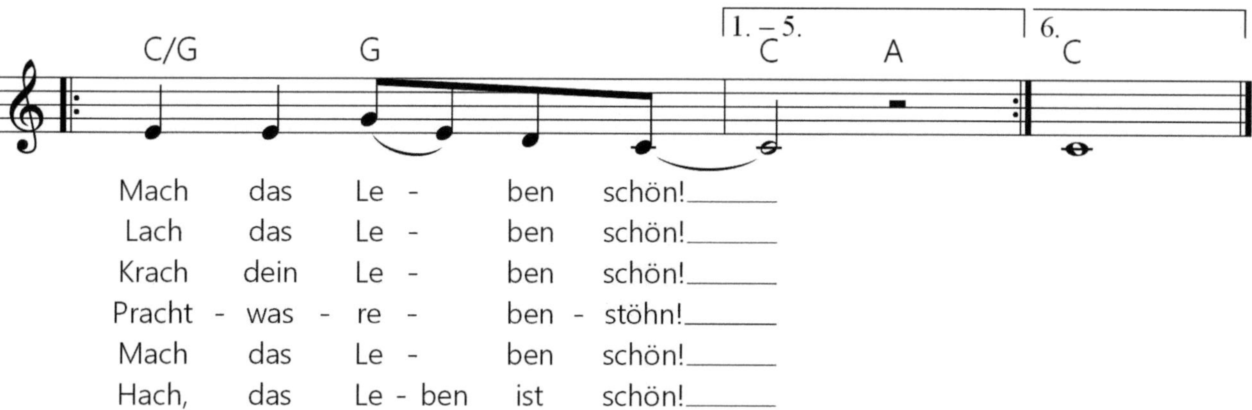

Hinweise:

1. Transponiert das Lied nach Bedarf.
2. Manche Passagen eignen sich auch für Sprechgesang.

Noch mehr Kindermusik gefällig?

Seit 17 Jahren gibt es das Frankfurter Kinderliedermacherfestival. Seit 4 Jahren im All-Star-Band Format. 4 Musiker von Kindermusik.de stellen ein Konzert zu einem vorgegebenen Thema zusammen, das dann auf dem Festival gespielt wird. Dazu sind 3 CDs erschienen. Die CDs und Liederhefte können auf der Seite www.ferri-kindertheater.de bestellt werden.

14. Frankfurt Kinderliedermacherfestival
CD „Tür auf"
mit Beate Lambert, Rofl Grillo, Toni Geiling und FERRI.

16. Frankfurter Kinderliedermacherfestival
CD „Runter vom Sofa"
mit Ratz-Fatz, Andi Steil und FERRI

www.ferri-kindertheater.de

17. Frankfurter Kinderliedermacherfestival
CD „Trau Dich - Kinder haben Rechte!"
mit Kiri 'Rakete, Geraldino, Matthias Meyer Göllner und FERRI.

www.ferri-kindertheater.de

CD 1/18

Fantasien ist überall

Capo 2. Bund

Text + Musik: Johannes Kleist
www.johanneskleist.de

Refr: Fantasien ist überall...

2. In deinem Land Fantasien gibt es tolle Tiere,
   Erdmännchen mit Helmen auf und kunterbunte Stiere.
   In deinem Land Fantasien braucht man auch kein Geld,
   man lächelt sich ganz freundlich an und jeder kriegt, was ihm gefällt. Refr: Fantasien ist überall...

3. In deinem Land Fantasien hat ein Eis mehr als zehn Kugeln.
   Und wenn du einmal rotzfrech bist, fangen die Eltern an zu jubeln.
   In deinem Land Fantasien ist es niemals kalt.
   Und wenn du keine Lust drauf hast, wirst du auch niemals alt. Refr: Fantasien ist überall...

4. In deinem Land Fantasien ist alles erlaubt.
   Du kannst alles erreichen, wenn du ganz fest daran glaubst.
   In deinem Land Fantasien ist der Eintritt immer frei.
   Und wenn es dir mal ganz schlecht geht, drück den Knopf und komm vorbei. Refr: Fantasien ist überall...

CD 1/19

Kinder, nee

Text + Musik: Arens, Ciesinski, Krafeld
www.loeffelpiraten.de

Intro:

Kinder:	||: Alle Kinder machen Kinder stark, machen lachend sich stark :||
Hausmeister:	Kinder, Kinder nee – Kinder, Kinder nee. Also Kinder nee nee, also nee, Kinder nee.
	||: Ej, nun mach' mal nicht so laut. :||
Kinder:	Wir woll'n aber...

2. Strophe
G D
Spielen, schielen, in der Erde wühlen,
C D
und in Gartenhecken, heimlich sich verstecken.
G D
Auf der Straße, auf dem Rasen,
C D
zeigen Leuten lange Nasen.

Refrain
C D Em
Alle Kinder machen Kinder stark, machen lachend sich stark!

3. Strophe
A E
Scherzen, lachen, alle tolle Sachen,
D E
tanzen, springen, laute Lieder singen.
A E
Auf der Straße, auf dem Rasen,
D D
wo bereits die Ander'n warten

Refrain
D E F#m
Alle Kinder machen Kinder stark, machen lachend sich stark!

Break B
Em Hm
Und wenn ein Großer kommt und mit uns schimpft. Und wenn er
D F#
böse zu uns spricht, und wenn er sagt: tut sowas nicht! Dann tun wir:

4. Strophe
B F#
Scherzen, lachen, alle tolle Sachen,
E F#
tanzen, springen, laute Lieder singen.
B F#
Auf der Straße, auf dem Rasen,
E F#
wo bereits die Ander'n warten.

Refrain
E F# G#m
Alle Kinder machen Kinder stark, machen lachend sich stark!

CD 1/20

Sonne, Wind und Wasser

T+M: Birte Reuver
Bearb: Markus Rohde
www.hoppla-kindermusik.de

2. Der Bauer Tamm hat ein Kind,
das steht sehr gerne im Wind,
und wenn's in's Weite schaut, sind da Rotoren.
Die sind aus Kunststoff und Stahl,
drehen sich bei Wind mit viel Drall,
und deshalb laufen im Stall die Motoren.

Es rauscht in unseren Ohren:
Windräder mit Rotoren,
die bringen Energie
für die Menschen und das Vieh.
Es rauscht in unsren Ohren:
Windräder mit Rotoren,
die machen unseren Strom
für'n Jahrmarkt und für'n Dom.

3. Im Urlaub kletterten wir,
das mögen wir nämlich sehr.
Da kam vom Stausee daher ein Rumoren
Das war ganz in unserer Näh'
und Reiseführer André
zeigt uns das Kraftwerk mit Generatoren.

Das Brummen in den Ohren
kommt von Generatoren.
Die bringen Energie
für die Menschen und das Vieh.
Das Brummen in den Ohren
kommt von Generatoren,
die machen unseren Strom
in Hamburg und in Rom.

Hinweis:
Live kann das Lied auch gut mit den Grundformen der Akkorde begleitet werden.
Mit Wechselbass ist es dann fast folkloristisch.

CD 1/21

Wie schön, dass jeder anders ist

Beate Tarrach
www.liederliesel.de

2. Kunterbunte Federn habe
ich, der stolze Gockelhahn.
Schwarz, wie Kohle ist der Rabe,
weiß wie Schnee der schöne Schwan.

3. Auf der Wiese steht mein Schimmel,
tief im Walde lebt der Bär.
Vögel fliegen hoch im Himmel
und das Fischlein schwimmt im Meer.

4. Mancher gönnt sich nie ein Päuschen,
weil er Arbeit so gern mag.
Und ein andrer sitzt vorm Häuschen,
träumt den lieben langen Tag.

CD 2/01

Ich stell' mir vor

T+M: Andreas Traub
www.andiunddieaffenbande.de

2. Jetzt muss ich aufstehn weil ich soll zum Arzt geh'n,
ich will lieber liegen bleiben – und mir die Zeit vertreiben.
Ich sitz im Wartezimmer - doch warten mag ich nimmer,
mein Bauch der brummt so komisch – echt
und jetzt wird mir auch noch schlecht.
Doch plötzlich als ich so – zur Toilette geh'
Ja da hab' ich eine tolle Idee:

Refrain: Ich stell' mir vor...

Bridge: ||: Gmaj7 | Cmaj7 :||
Ah - Wie schön hier am Strand... Schaut mal das Meer – ganz Blau. Und die Wellen – Boah. Und die vielen kleinen Fische. Hallo Fische! Wie geht's Euch? Mir geht's gut. Mmm, ich hätt jetzt so gern ein Eis. Schoko oder Vanille oder Erdbeer. Ganz egal, Hauptsache süß und kalt.

Refrain: Ich stell' mir vor...

CD 2/02

Mach die Welt bunter

M+T: Andreas Donauer
"Donikkl"
www.donikkl.de

2. Strophe Bist du Muslim oder bist du Christ, bist du Jude oder Buddhist,
jede Religion will Frieden, hört jetzt auf, Euch zu bekriegen.
Mach deine Augen weit auf, schau nicht weg, geh aus dir raus.
Sei nur lieb und nie gemein, dann scheint die Sonne in dich rein.

Refrain Bist du Hofnarr oder König, hey, das juckt mich wenig.
Das alles ist nicht wichtig, Hauptsache du tickst richtig.
Das Jammern und Beschweren woll'n wir jetzt nicht mehr hören.
Steig von deinem müden Gaul runter, hilf mit, mach die Welt bunter.

Refrain ... Hofnarr oder König, hey, das juckt mich wenig.
Das alles ist nicht wichtig, Hauptsache du tickst richtig.
Das Jammern und Beschweren woll'n wir jetzt nicht mehr hören.
Steig von deinem müden Gaul runter, hilf mit, mach die Welt bunter...

Beliebig oft wiederholen und nach Lust und Laune Einwürfe hineinsingen.

Hinweis:
Transponiert das Lied nach Bedarf.

CD 2/03

Da ist ein Monster im Meer

Text: Marc Heisler/Gerd Grashaußer, Musik: Marc Heisler
www.geraldino.de

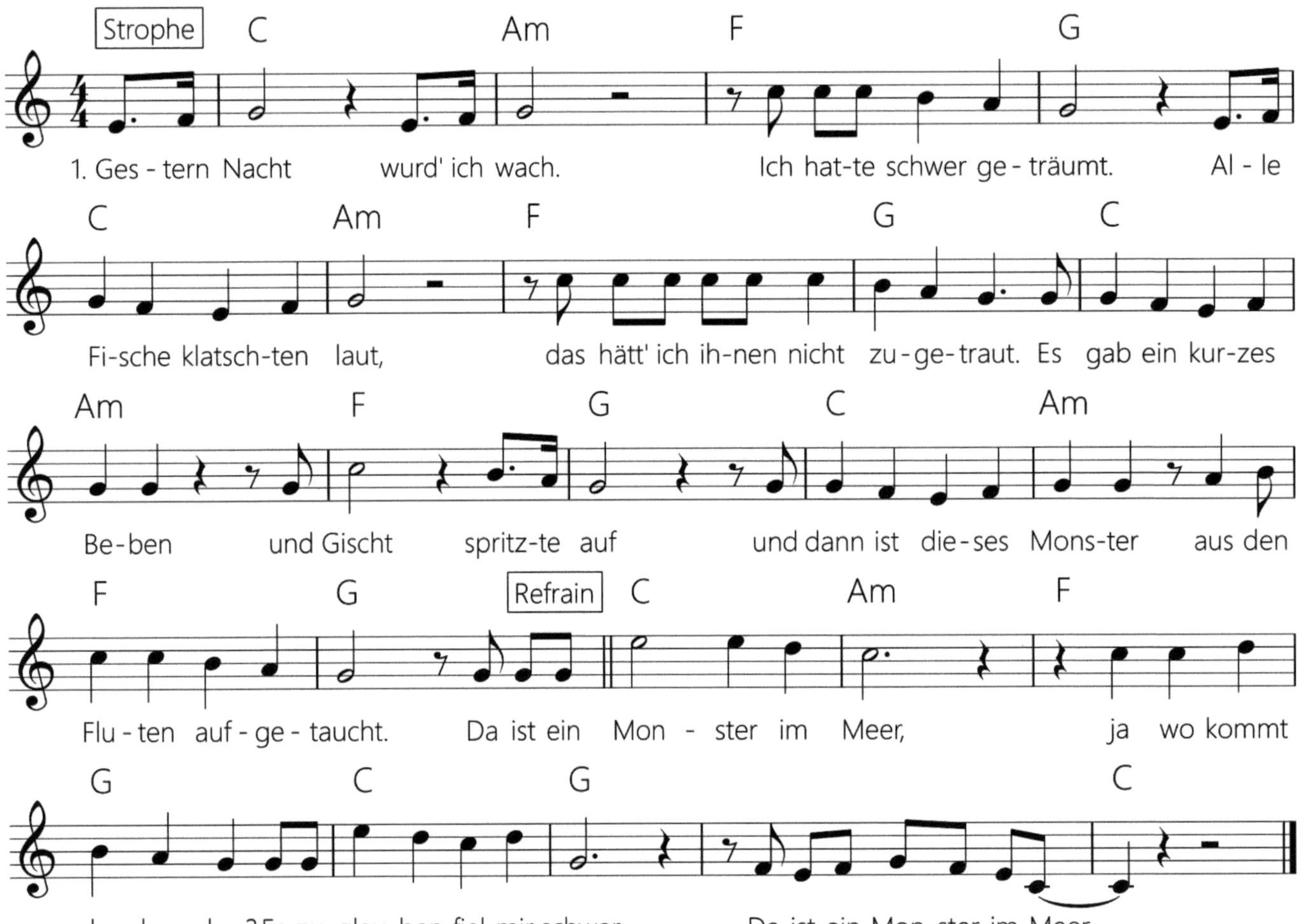

2. Ganz plötzlich war es da
und kam auch noch an Land,
mit Plastikmüll im Haar,
wütend rief es dann:
Ihr Menschen hört mal zu,
das geht auch euch was an,
der ganze Dreck hier im Wasser
ihr verschmutzt meinen Ozean!

Refrain...

3. Ich lag naßgeschwitzt in meinem Bett,
das Monster hatte Recht.
Die Welt ist doch total verdreht,
mir wurde davon schlecht.
Doch dann stand ich auf
und schrieb dieses Lied,
und wenn du es hörst,
dann sing es ganz laut mit!

Refrain
Da ist ein Monster im Meer,
hey Monster, komm zu mir her!
Lasst uns kämpfen für das Meer,
für das schöne blaue Meer!

Da ist ein Monster im Meer,
hey Monster, komm zu mir her!
Lass uns kämpfen für das Meer,
für das wilde nasse Meer,
für das große, tiefe Meer,
für das herrlich weite Meer,
für das glänzend tolle Meer,
für das riesig irre Meer,
für das tierisch kalte Meer!

CD 2/04

Weite Welt

Text: A. Gedigk
Musik: A. Gedigk, O. Bergmann, C. Herzog
www.radau-online.de

CD 2/05

Menschenskinder

T+M: Thomas Sutter
www.atzeberlin.de

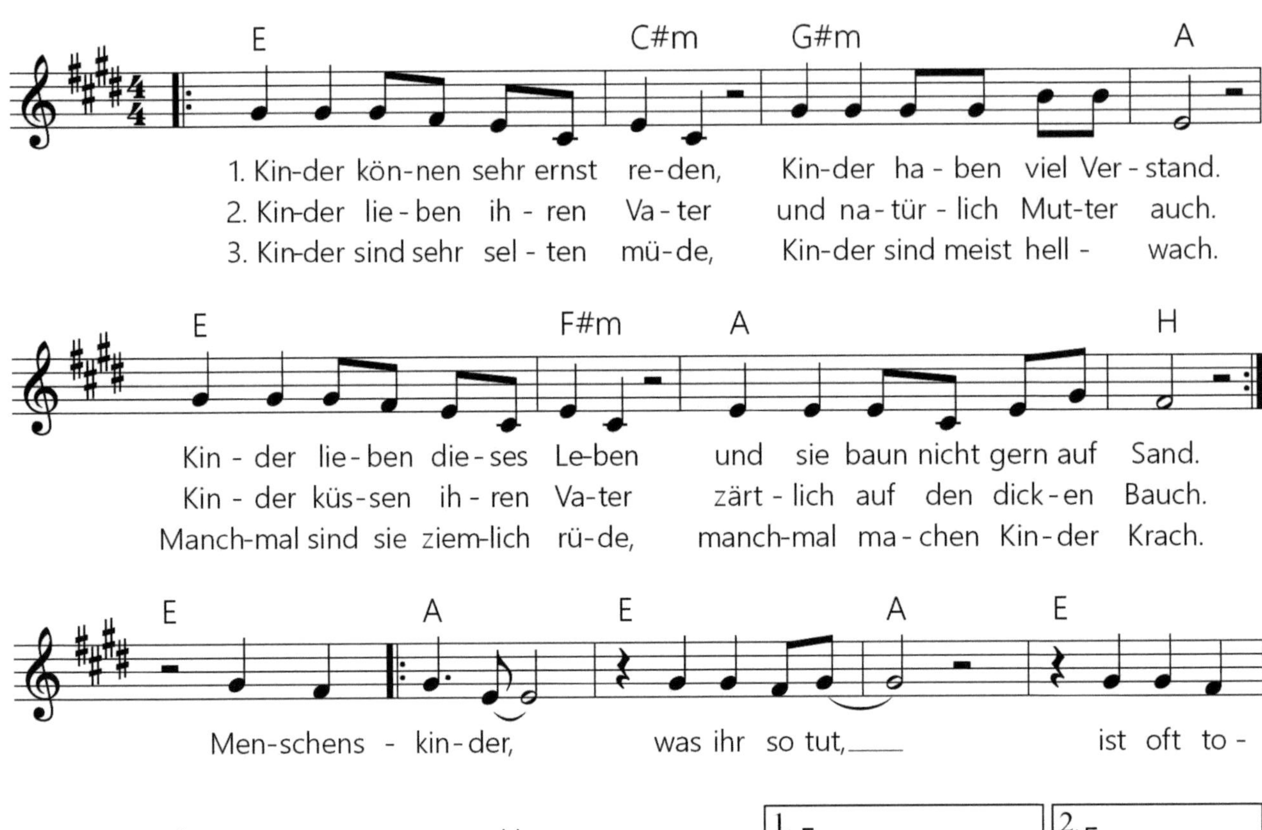

4. Strophe
Kinder können herrlich lachen,
Kinder machen gerne Quatsch.
Kinder tragen schicke Sachen,
und beschmeißen sich mit Matsch.

5. Strophe
Kinder haben ´ne eigene Meinung.
Kinder haben sehr oft recht.
Kinder haben voll die Ahnung,
was richtig ist, was ungerecht.

Refrain
Menschenskinder,
was ihr so tut.
Ist oft total genial.
Ich find euch ziemlich gut.

CD 2/06

Komm und spiel mit mir

M+T: Helmut Meier
www.helmut-meier.de

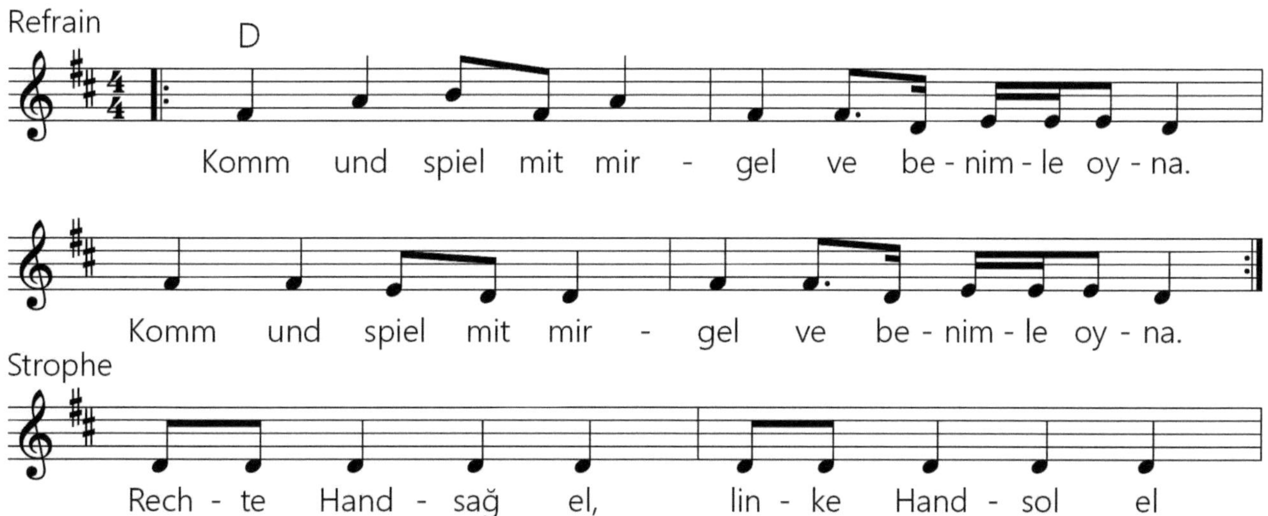

2. Rechte Hand - sağ el, linke Hand, sol el,
   rechter Fuß - sağ ayak, linker Fuß - sol ayak.

Refrain: Komm und spiel mit mir - Gel ve benimle oyna...

3. Rechte Hand - sağ el - linke Hand, sol el,
   rechter Fuß - sağ ayak, linker Fuß - sol ayak,
   rechtes Knie - sağ diz, linkes Knie - sol diz.

Refrain: Komm und spiel mit mir - Gel ve benimle oyna...

4. Rechte Hand - sağ el, linke Hand - sol el,
   rechter Fuß - sağ ayak, linker Fuß - sol ayak,
   rechtes Knie sağ diz, linkes Knie - sol diz,
   schüttel den Kopf - baş salla,
   dreh dich um - arkanı dön.

Refrain: Gel ve benimle oyna - Komm und spiel mit mir.....

5. Sağ el - rechte Hand, sol el - linke Hand,
   sağ ayak - rechter Fuß, sol ayak - linker Fuß,
   sağ diz - rechtes Knie, sol diz - linkes Knie
   baş salla - schüttel den Kopf,
   arkanı dön - dreh dich um.

Refrain: Komm und spiel mit mir - Gel ve benimle oyna...

CD 2/07

Je je Lumumba

Text: Buchholz/Rohde/
Steil/Weinert
www.blindfische.de

2. Abdul kann gut trommeln,
Monika tanzt wild dazu,
Christine spielt Fussball, steht im Tor,
Jack ist der Stürmer und steht davor,
Thorben kann mit dem Basketball, Tricks und tolle Sachen,
Jantje will sie auch können, üben, lernen, nachmachen,
Igor will Jockey werden, denn er kann gut reiten,
Sarah kennt sich aus mit Tieren, will mal einen Zoo leiten

CD 2/08 Bavo, dûr ne be / Draußen vor der Tür

Text + Musik: F. Köhle, H. Riffeser, H.I. Berzenci
www.ratzfatz.at

D
D7(b9)
rin. Pa-pa, geh nit weg, Pa-pa bleib bei mir!
Drau-ßen ste-hen Frem-de, drau-ßen vor der Tür. Kann sie spre-chen
Gm
Eb
hören. kann sie nit ver-stehen. Pa-pa woasch, i fürcht mi.
D
D7(b9)
Sag, sie sol-len gehn!
D7(b9)
Kind, hab doch koa Angst, I bin ja bei
dir. Schau, die Frem-dan zit - tern ja,
drau-ßen vor der Tür. Schau, die Frem-den friern ja, wir ham's da so
Gm
Eb
fein. I will nit, dass sie z'kalt ham, Pa-pa! Lass me sie he -
D7(b9)
Repeat and fade
rein!

CD 2/09

Mobbing ist nicht mein Ding

M+T: Carsten "Cattu" van den Berg
www.cattu.de

2. Strophe Stellt Euch doch mal vor, Ihr selbst werdet isoliert,
von der ganzen Klasse einfach ignoriert.
Oder alle flüstern, tuscheln, Ihr versteht kein Wort.
Das ist echt nicht fair. Ihr wünschtet Euch weit weg an einen feeer-nen Ort.

Refrain 2 Mobbing ist nicht mein Ding...

3. Strophe Erscheint Dir Deine Lage völlig aussichtslos,
trau Dich, sprich wen an! Werd' Deinen Ballast los!
Wir sind eine Klasse und wird hier wer gemobbt,
halten wir zusammen, wer hier mobbt, der kommt nicht durch und wird gestoooohohohoppt.

Refrain 3 (Mehr Stimmen)
Mobbing ist nicht unser Ding, dafür geb'n wir uns nicht her. Mobbing ist nicht fair.
Mobbing ist nicht unser Ding. Wenn hier einer mobbt, sagen wir laut: „STOP!".

4. Strophe Fängt wer mit Mobben an, dann lauft nicht einfach mit.
Mitläufer sind auch Mobber und Mitlaufen ist nicht hip.
Macht Euch selbst ein Bild und werdet nicht zum Mobber!
Seit Klasse, ja, seid stark und werdet besser alle Stohohop-per!

Refrain 4 (Noch mehr Stimmen)
Mobbing ist nicht unser Ding, dafür geb'n wir uns nicht her. Mobbing ist nicht fair.
Mobbing ist nicht unser Ding. Wenn hier einer mobbt, sagen wir laut: „STOP!".
..."Und alle singen!:": + Wdh. Refrain (noch mehr Stimmen)

Nachspiel (über die Harmonien vom Refrain)
Wird es immer schlimmer, Auswege gibt's immer!
wird es immer schlimmer, irgendwas geht immer!
Wird es immer schlimmer, Auswege gibt's immer!
wird es immer schlimmer, irgendwas geht immer!
(Wenn hier einer mobbt, sagen wir laut: „STOP!")

Noch mehr Kindermusik gefällig?

CD „Piraten-Lieder für Kinder" **(auch als Liederbuch)**
20 abenteuerlustige Lieder für Kinder von 3-9 Jahren
mit Stephen Janetzko, Frank und seine Freunde (feat. Mirja Boes), Martin Göth, Laura und die Piraten, DONIKKL, Eddi Edler, Zauberkürbis, Leichtfuß & Liederliesel, Kinderclown OLi, JOJOS, Paul G. Walter, Hermann Heimeier, Woffelpantoffel & Hartmut E. Höfele.
ISBN 978-3-941923-36-2 - SEEBÄR-Musik - **www.kinderliederhits.de**

CD „Piraten-Lieder für Kinder (Vol. 2)"
22 wilde & fröhliche Hits mit tollen neuen Hits und 20 bekannten Kinderlieder-Stars. *Mit DONIKKL, Stephen Janetzko, Cattu der Traumfänger, Randale, Rodscha aus Kambodscha und Tom Palme, 3Berlin, Geraldino und die Plomster, Kati Breuer, Lila Lindwurm und Frank Bode, Christian Hüser, Matthias Meyer-Göllner, Löffelpiraten, Suli Puschban, Markus Rohde, Heiner Rusche, Mathias Lück, Kati und Lars, Alex Schmeisser, Florian Müller und Zauberkürbis.* **(auch als Liederbuch)**
ISBN 978-3-95722-319-7 - SEEBÄR-Musik - **www.kinderliederhits.de**

CD 2/10

Tanzende Flammen

M+T: Astrid Hauke
www.kindersause.de

Hinweis:
Spielt das Lied mit Kapo im 2. oder 3. Bund, wenn ihr es mit Kindern singt.

CD 2/11

Wie soll die Welt aussehen

T+M: Anders Orth
www.lilalindwurm.de

weiter mit dem Schlussrefrain, siehe Text.

Refrain Was werde ich wohl tun, wenn ich einmal groß bin?
Wie wird die Welt aussehen, wenn ich erwachsen bin?
Was werde ich wohl tun, wenn ich einmal groß bin!
Wie wird die Welt aussehen?

1. Strophe Vielleicht werd` ich in den Weltraum fliegen,
die Sterne aus der Nähe sehen.
Vielleicht werd` ich über Meere segeln,
und auf neuen Inseln stehen.

Refrain Was werde ich wohl tun, wenn ich einmal groß bin?
Wie wird die Welt aussehen, wenn ich erwachsen bin?
Was werde ich wohl tun, wenn ich einmal groß bin!
Wie wird die Welt aussehen?

2. Strophe Werde ich in einer Großstadt wohnen,
oder in einem Haus am See?
Werde ich wohl selber Kinder haben,
mit denen ich dann schwimmen geh?

Refrain Was werde ich wohl tun...

Bridge Werde ich wohl viele Sorgen haben,
oder werd` ich glücklich sein?
Habe ich dann saubere Luft zum Atmen?
Werde ich dann hungrig sein?

Doch eins weiß ich genau:
Ich bin jetzt nicht allein!

Schlussrefrain Wir können etwas tun, damit´s uns allen gut geht!
Wie soll die Welt aussehen, wenn wir erwachsen sind?
Wir können etwas tun, damit´s uns allen gut geht!
Wie soll die Welt aussehen, wenn wir erwachsen sind?
Wir können etwas tun, damit´s uns allen gut geht!
Wie soll die Welt aussehen?

CD 2/12

Verkehrszähmer-Song

M+T: Sandra Faryn
www.faryna-musik.de

2. Die Drachen steh'n in der Garage,
bunt und laut und groß.
Sie warten auf die Abfahrt.
Hey, wann geht es los?
Doch sie dürfen heut nicht fahren,
ich lasse sie nicht raus.
Ich geh' zu Fuß zur Schule
und sie bleiben heut' zu Haus.

Refrain Ich zähme den Verkehr-Yeah,Yeah
Ich zähme den Verkehr-Yeah,Yeah
Denn ich bin ein Verkehrszähmer!

3. Bevor ich morgens losgeh'
Zieh ich meine gelbe Weste an.
Ich geh bis vorn zur Straße
und treffe meine Freunde dann.
Wir gehen gemeinsam weiter,
den Schulweg schaffen wir allein.
Wir kennen uns gut aus,
denn wir sind groß und nicht mehr klein.

Bridge Jedes mal, wenn wir gehen,
können wir einen Stern dazuzähl'n.
Viele Sterne bringen uns Glück,
immer weiter Stück für Stück.

Refrain Ich zähme den Verkehr, yeah...

CD 2/13

Viele Sprachen kennt die Welt

T+M: Wolgang Hering
www.wolfganghering.de

Refrain
Viele Sprachen kennt die Welt, Was ist euch bekannt?
Wer spricht anders noch als deutsch? Der hebt jetzt gleich die Hand.

Strophe 1
Aufgepasst, was ich jetzt sag: „Buon giorno", das heißt „Guten Tag".
Wer sagt dann beim Gehn: „Arrivederci", auf Wiedersehn?
Wer das weiß, soll etwas tun, das war Italienisch nun,
knetet Pizzateig mal hier. Ihr könnt das, zeigt es mir.

Strophe 2
Achtet drauf, was ich jetzt sag: „Merhaba", „Hallo, guten Tag".
Wer sagt dann beim Gehen: „Güle güle", auf Wiedersehn?
Wer das weiß, hat jetzt zu tun, das war eben Türkisch nun,
spielt mit mir ein Instrument, die Saz, wie man sie nennt.

Refrain
Viele Sprachen kennt die Welt...

Strophe 3
Hört mal her, was ich jetzt sag: „Buenos dias", das heißt „Guten Tag".
Wer sagt dann beim Gehn: „Adios", auf Wiedersehn?
Wer das weiß, hat jetzt zu tun, das war eben Spanisch nun.
Klatscht und tanzt Flamenco hier, das weckt den lahmsten Stier.

Strophe 4
Merkt euch mal, was ich jetzt sag. „Salam", das heißt „Guten Tag"
Wer sagt dann beim Gehn: „Choda-hafez", auf Wiedersehn?
Wer das weiß, hat jetzt zu tun, das war eben Persisch nun.
Hört den Ruf von der Moschee und trinkt jetzt euren Tee.

Refrain
Viele Sprachen kennt die Welt...

Strophe 5
Spitzt die Ohr'n, was ich jetzt sag. „Priwjett" „Hallo, guten Tag"
Wer sagt dann beim Gehn: „Doswidania", auf Wiedersehn?
Wer das weiß, hat gleich zu tun, das war eben Russisch nun.
Ihr tanzt, kriegt nur keinen Schock, hier kurz mal Kasatschok.

Strophe 6
Ich hör zu, was ihr jetzt sagt: alle andren sind gefragt
und wer noch anders spricht, steht nun im Rampenlicht.
Die wolln alle wir jetzt sehn, um die soll es sich jetzt drehn.
Nun kommt noch der letzte Schritt, ihr winkt ganz kräftig mit.

Refrain
Viele Sprachen kennt die Welt, Was ist euch bekannt?
Wer spricht anders noch als deutsch? Ja, hebt noch mal die Hand.

CD 2/14

Demokratie - Wir stehen auf diese Freiheit

M+T: Suppi Huhn, Markus Wienstroer
www.suppihuhn.de

Gsus4 G C Dm
soll es_ im-mer sein!___ Wir ste-hen auf die-se Frei - heit, ein
G/H C Am F
rie-sen-gro - ßer Schritt,___ De-mo-kra-tie ist ein Ge schenk___ und da-rum
Gsus4 G E Roboter-Riff E D A
macht doch al-le__ mit!___
8vb
E E H E
4
Solo ad lib
E F F# G G Refrain 16
Wir De-mo-kra-
Am F G C
tie ist ein Ge schenk,___ da-rum macht doch al-le__ mit!___

CD 2/15

Wir sind alle ganz verschieden

M+T: Florian Müller www.florianmüller.net

1. Strophe Mohamed aus Afrika, hat ganz braune Haut.
Und oben auf dem Kopf, dunkles Lockenhaar.
Er hat zwei braune Augen, damit schaut er in die Welt.
Komm ich geb dir meine Hand, ganz egal aus welchem Land.

Refrain Wir sind alle ganz verschieden, wir sehn alle anders aus.
Große, kleine, dicke, dünne, aus einem Schloß oder auch Haus.
Wir sind alle ganz verschieden, eins haben alle Kinder gleich.
Wir haben alle Kinderrechte, dass macht uns stark und reich.

2. Strophe Elsa ist aus Schweden, sie hat ganz helle Haut.
Und oben auf dem Kopf, strohblondes Haar.
Sie hat zwei blaue Augen, damit schaut sie in die Welt.
Komm ich geb dir meine Hand, ganz egal aus welchem Land.

Wir sind alle ganz verschieden...

3. Strophe Lian ist aus China, er hat leicht gelbe Haut.
und oben auf dem Kopf, dunkles schwarzes Haar.
Er hat zwei schwarze Augen, damit schaut er in die Welt.
Komm ich geb dir meine Hand, ganz egal aus welchem Land.

Wir sind alle ganz verschieden...

4. Strophe Und dann gibt es noch so viele Länder auf der Welt,
wo ganz andere Kinder leben. Doch für alle Menschen zählt:
Ganz egal welche Haare, welche Augen oder Haut,
komm ich geb meine Hand, ganz egal aus welchem Land.

Wir sind alle ganz verschieden...

Spielidee:
Im Refrain die Bewegungen für große, kleine, dicke, dünne, Haus und Schloss mitmachen.
Bei "wir alle" können die Kinder auf alle Kinder im Raum zeigen.
In den Strophen die Körperteile zeigen, die besungen werden.

CD 2/16

Die Zukunft, das seid ihr

T+M: Larissa Schories
www.kindermusik4u.de

3. Strophe Ihr werdet eine Welt erschaffen, lauter schöne Sachen.
Mit dem Licht verreisen durch Raum und Zeit,
Das Unmögliche beweisen...- Ja, die Zukunft ist nicht weit!
Ich war immer noch in meiner Fantasie versunken.
Plötzlich ging die Tür auf mit einem lauten Knall
und mein Sohn rief aufgeregt: „Hey! Ich such´ dich überall!"

Bridge „Ich hab´ n Raumschiff gebaut! Die Turbinen sind ganz laut!
Komm mit! Wir starten gleich!"

Refrain Die Zukunft, das seid ihr! Die Zukunft, das seid ihr!...

Rap Friedensdenker, Liebesschenker, Glücklichmacher, Traumbewacher
Wunscherfüller, Gerechtigkeitsbrüller, Müllverzichter und Kriegsvernichter
„Das Leben neu erfinden, Ängste überwinden,
mit der Freiheit fliegen, Ungerechtigkeit besiegen!"
So lautet die Mission der neuen Generation
Die Zukunft liegt in uns´rer Hand!

Refrain Die Zukunft, das sind wir! Die Zukunft, das sind wir!...

CD 2/17

Das bin ich

T+M: Georg FERRI Feils
www.ferri-kindertheater.de

Strophe

C Em F G
1. Das bin ich und ich bin groß und wo ich bin da ist was los das bin

C Dm G
ich, nicht mehr ganz klein und wenn ich nein sag heißt das nein! 2. Das bin

C Em F G
ich und ich bin stark, mei-ne Mu-ckies, die sind nicht aus Quark. Das bin

C Dm G
ich, und ich bin schlau, und was ich will weiß ich ge - nau!

Refrain

F C G Am
Groß sein o - der klein kann doch nicht die Fra - ge sein.

F C G C
Klein sein o - der groß das ist doch Ba - na - ne bloß

pfeifen

F C G Am F C G

3. Das bin ich und ich bin frech und was ich rede ist kein Blech.
Das bin ich und ich hab Mut, und was ich noch nicht kann weiß ich gut.

4. Das bin ich und ich sag nein, ist einer mal zu mir gemein.
Das bin ich und ich bin still wenn ich einmal gar nichts sagen will.

Bläser

C Em F G
5. Das bin ich - bin manchmal leis - ich weiß genau schon was ich weiß.
C Dm G
Das bin ich und ich werd laut, wenn einer mich zu ärgern traut.

C Em F G
6. Das bin ich und ich bin froh und wenn ich lache klingt das so...
C Dm G
Das bin ich und ich bin fit, wenn ich lache, dann lachst du mit.

F C G Am
Refrain: Groß sein oder klein kann doch nicht die Frage sein
F C G C
Klein sein oder groß das ist doch Banane bloß. Pfeifen...

C Em F G
7. Das bin ich- ich bin ein Kind - bin eben so, wie Kinder sind.
C Dm
Denn kloß-brüh-klar ist jedenfalls...

G
oh - ne Kin - der wär die Er - de wie ne Sup - pe oh - ne Salz oh - ne

Am Em
Kin - der wär die Er - de wie ein Schmalz - brot oh - ne Schmalz oh - ne

F G
Kin - der wär die Er - de wie ne Gi - raf - fe oh - ne Hals oh - ne

Am Em
Kin - der wär die Er - de wie ein Malz - bier oh - ne Malz, oh - ne

F 1. G
Kin - der wär die Er - de wie ne Sup - pe oh - ne Salz oh - ne

2. G C Em F G
Sup-pe oh - ne Salz.

CD 2/18

Sieben Pferdchen

T+M: Mathias Lück
www.mathias-lueck.de

2. Da kam ein zweites Pferdchen, das sagte: "Hör mal zu.
   Das heißt nicht 'hottehi', das heißt doch 'hottehu'." Hottehu, hottehu...

3. Ein drittes Pferdchen kam herbei, das sagt: "Ihr irrt, ihr zwei.
   Das heißt nich 'hottehu', das heißt doch 'hottehei'." Hottehei, hottehei...

4. Ein viertes Pferdchen wieherte: "Eins weiß ich ganz genau.
   Die Welt ist wie ein Zirkus und ein Zirkuspferd ist blau." Hotteblau, hotteblau...

5. Ein fünftes Pferdchen kam erbei, da staunten alle sehr.
   Es sprach: "Ich bin ein Seepferd, und komme aus dem Meer." Hotteblubb, hotteblubb...

6. Ein sechstes Pferdchen kam und sprach: "Wasser find' ich toll!
   Wenn ein Nilpferd in die Wanne steigt, dann ist die Wanne voll." Hotteplatsch, hotteplatsch...

7. Ein siebentes Pferdchen kam und fragte: "Leute, wisst ihr was?
   Ich bin ein großes Heupferd und hüpfe durch das Gras." Hottehüpf, hottehüpf...

8. Eine Eule kam des Weges, sprach weise und gelehrt:
   "Ihr alle seid goldrichtig und keiner ist verkehrt." Schubidu, schubidu...

CD 2/19

Rübezahl

Text + Musik: Burghardt Wegner, www.gruenschnabel.de
Verlag: Melodie der Welt GmbH & Co. KG, mit freundlicher Genehmigung

Zwischenspiel
Refrain
F F
(4.) forscht und fühlt euch als ein Teil der Na- tur, im Gar- ten, am See, in Wald und Flur. Die
C Dm C C G7 C
Er- de ist uns__ nicht e- gal. He, komm doch und hilf, Rü- be- zahl!
Dm F C Am F
Rie- se Rü- be- zahl, Rü- be- zahl, Rü- be- zahl. Rie- se Rü- be- zahl.
Dm F Am F Dm F Am F
Wha - hu-ah ha- ha! Wha - hu-ah ha- ha!
Dm F Am Am F Dm F E7 A
Wha-hu-ah ha- ha! (Kind:) Lie-ber gu-ter Rü- be- zahl, komm doch mal!
Bb Dm C Bb Dm
(Rübezahl:) La-la- la- la- la. La la- la- la. La- la- la- la- la. La la
C Bb Dm C
laa. La- la- la- la- la. La la- la- la. La- la- la- la-
Bb Dm C
la. La la laa. Ich bin wie- der da! (Kind:) Er ist wie- der da!

1. **Am**
Man hat ihn lange Zeit nicht mehr gesehn, nicht am
Berg, nicht im Tal und auch nicht im Fernsehn, den Be-
F
hüter der Umwelt, den alten Riesen. Er war
gut zu den Guten und fies zu den Fiesen.
Am
Wo es den Berg mit Namen Schneekoppe gibt, da
war er gefürchtet, da war er beliebt. Als Na-
F
turgeist konnte er Wunder vollbringen. Es ist
höchste Zeit, ihm ein Lied zu singen. (Zwischenspiel, Refrain, Wha-hu-ah ha-ha!)

2. **Am**
Hut, Wanderstab, langer Bart, rotes Haar.
Manchmal war er ziemlich sonderbar.
F
Rübezahl ist eigentlich sein Spottname, den
schätzte er nicht, doch ich habe ge-
Am
hört, dass wenn man ihn dringend braucht, er
doch darauf hört und trotzdem auftaucht.
F
Was er noch weniger als den Namen liebt, ist,
wenn man nicht glaubt, dass es ihn gibt. (Zwischenspiel, Refrain, Wha-hu-ah ha-ha!)

3. **Am**
Oft hat der Riese arme Leute beschenkt: Pferde-
äpfel und Steine wurden, ja was denkt ihr denn,
F
ganz plötzlich zu reinem Gold, als
man sie zu Haus aus dem Rucksack geholt.
Am
Be-/sonders wichtig war dem Geist sein Garten,
da blühten Heilkräuter, über tausend Arten. Er
F
sagte: „Ihr müsst die Natur gut behandeln!!!"
Keiner hat sich da getraut, sie zu verschandeln. (Zwischenspiel, Refrain, Wha-hu-ah ha-ha!)

4. **Am**
Wir / müssen wieder lern, soll sie sich weiterdrehn, mit der
Erde viel behutsamer umzugehn! Viel-
F
leicht kann Rübezahl uns dabei helfen.
Er und die Feen, Zwerge und Elfen.
Am
Nur was wir gut kennen, das schützen wir! Also
geht bitte öfter raus vor die Tür,
F
forscht und fühlt euch als ein Teil der Natur, im
Garten, am See, in Wald und Flur. Die

(mit Noten:)
C Dm C C G7 C
Erde ist uns nicht egal. He, / komm doch und hilf, Rübezahl!

CD 2/20

Stör dich nicht dran

T: Wilfried Bergholz
M: Ralf Kleinschmidt
www.zwulf-music.de

1. Strophe Stör dich nicht dran, hast du die Zeit verschlafen,
sowas passiert sogar den braven Schafen,
Stör dich nicht dran, will einer dich belehren,
bleibe ganz still, du musst ja nicht drauf hören,
stör dich nicht dran.

2. Strophe Stör dich nicht dran, bist du auch etwas träge,
schlimmer wär doch, du wärst 'ne Nervensäge.
Stör dich nicht dran, will einer dich verhauen,
brauchst dich nur nach `nem starken Freund umschauen,
stör dich nicht dran.

Refrain Denn was auch immer vor sich geht, bedenke, daß es besser geht,
wenn du sagst, wenn du sagst, wenn du sagst:
Ist nicht so schlimm!

3. Strophe Stör dich nicht dran, ist es mal viel zu heiß,
dann leg dich ins Gras, verspeise Speise- Eis
und stör dich nicht dran. Bekleckerst du die Hose,
das geht schon raus mit Linda aus der Dose,
stör dich nicht dran.

Refrain Denn was auch ...

4. Strophe Stör dich nicht dran, musst du was Saures essen,
in einem Jahr hast du das längst vergessen,
stör dich nicht dran, will keiner mit dir spielen,
kannst ja dafür in einen Spiegel schielen,
stör dich nicht dran.

5. Strophe Stör dich nicht dran, fährt dir die Bahn davon,
dann schau auf den Plan und nimm den nächsten Wagen,
stör dich nicht dran, hast du am Fuß ´ne Blase,
stell dir nur vor, sie wär auf deiner Nase,
stör dich nicht dran.

Refrain Denn was auch immer vor sich geht, bedenke, daß es besser geht,
wenn du sagst, wenn du sagst, wenn du sagst:
Ist nicht so schlimm. Stör dich nicht dran!

CD 2/21

Ich schenk dir einen Stern

Text: Alexandra Keckeis/Stephen Janetzko
Musik: Stephen Janetzko www.kinderliederhits.de

2. Schmückt euch mit Sternenstaub, dass sich ein jeder traut.
Lass deine Wünsche frei, sei einfach mit dabei -
Ich singe für die ganze Welt:

Refrain: ... und leuchte weit.

Refrain:
Ich schenk dir einen Stern, ob du nah bist oder fern.
Sei ein Licht in dieser Zeit, mach dich bereit und leuchte weit.
Ich schenk dir einen Stern, ob du nah bist oder fern.
Sei ein Licht in dieser Zeit, mach dich bereit
und leuchte weit, und leuchte weit, leuchte weit.